세상을 바꾸는 **아름다운 부자 이야기 10**

빌 게이츠 & 멀린다

세상을 바꾸는 아름다운 부자 이야기 10
빌 게이츠 & 멀린다

기획 · 손영운
글 · 김승민
그림 · 정윤채

펴낸이 · 조승식
책임편집 · 이혜원
편집 · 박진희, 조슬지, 이수정, 박예슬, 이경남
제작 · 이승한
마케팅 · 김동준, 변재식, 임종우, 이상기
관리 · 박종환, 손선영
펴낸곳 · BH balance & harmony
등록 · 제22-457호
주소 · 01043 서울 강북구 한천로 153길 17
홈페이지 · www.bookshill.com
전자우편 · bookshill@bookshill.com
전화 · (02)994-0071
팩스 · (02)994-0073

2019년 10월 10일 1판 1쇄 인쇄
2019년 10월 15일 1판 1쇄 발행

값 12,000원

ISBN 979-11-5971-240-1
　　　978-89-5526-936-9(세트)

BH balance & harmony는 (주)도서출판 북스힐의 그래픽노블 임프린트입니다.
* 잘못된 책은 구입하신 서점에서 바꿔 드립니다.
　이 책의 수익금 일부는 어려운 이웃을 돕는 단체에 기부됩니다.

빌 게이츠
& 멀린다

기획 손영운
글 김승민 | 그림 정윤채

BH balance harmony

기획자 글

멋진 부자가 되기를 바라며

　우리는 부자를 꿈꿉니다. 좋은 동네에 있는 으리으리한 집에서, 남들이 부러워하는 멋진 차를 타고, 또 원하는 명품은 뭐든 살 수 있는 돈 많은 부자가 되었으면 좋겠습니다. 그래서 돈 많이 버는 직업을 갖고 싶고, 유명한 사람이 되었으면 좋겠고, 하는 일은 무엇이든 '대박'이 터졌으면 좋겠습니다.

　그런데 이런 우리의 생각을 뛰어넘어 '더 멋진 삶'을 사는 부자들이 있습니다. 그들은 내가 가진 것으로 우리 가족 몇 명이 아니라 세상의 아주 많은 사람들을 행복하게 할 수 있다고 믿는 사람들입니다. 대표적인 사람이 빌 게이츠입니다.

　빌 게이츠는 먼저 자신이 하는 일을 이용해서 학교와 도서관에 컴퓨터를 무료로 나누어 주었습니다. 그리고 아프리카 어린이들이, 손쉽게 구할 수 있는 약을 구하지 못해 속수무책으로 죽어 가는 것을 본 후에는 그 아이들을 위해 엄청난 돈을 내놓았습니다. 덕분에 아프리카 아이들이 목숨을 건지고 미래를 꿈꿀 수 있게 되었습니다. 그는 1994년 한 잡지사와의 인터뷰에서, 많은 재산을 자녀들에게 남기는 것은 정신 건강에 해롭다면서, 번 돈의 95%를 사회에 내놓겠다고 약속하기도 했습니다. 한 사람의 부자가 어떤 마음을 먹느냐에 따라 아주 많은 사람들의 삶이 바뀌고, 진정한 부자란 이렇게 멋지게 세상에 영향을 끼치는 사람이구나 하고 전 세계가 놀라고 감동했습니다.

"세상을 바꾸는 아름다운 부자 이야기"는 우리가 본받고 싶은 '진짜' 부자들의 삶을 그린 만화입니다. 그들이 꿈을 이루기 위해 어떻게 어려움을 이겨 내고 또 어떤 노력을 기울였는지를 볼 수 있습니다. 그리고 부자가 되는 것도 힘들지만, 피땀 흘려 번 돈을 사회나 이웃을 위해 쓰기는 더더욱 어려운 일입니다. 우리는 그들이 왜 힘들게 번 돈을 다른 사람을 위해 아낌없이 내놓았는지, 각 사람의 이유도 들을 수 있습니다.

석유왕 록펠러는 이런 말을 했습니다. "나는 신으로부터 돈을 벌 수 있는 재능을 받았기 때문에 돈을 버는 것은 내 의무이며, 더 많은 돈을 주위 사람들에게 양심이 시키는 대로 써야 한다."

이 책을 읽는 여러분도 꿈을 꾸고 그것을 이루기 위해 꾸준히 노력할 수 있다면, 이미 부자가 될 수 있는 재능을 받은 것이라고 저는 믿습니다. 그런 여러분이 이 책의 주인공들처럼 열심히 살며 주위 사람들에게 양심이 명하는 대로 나눌 수 있는 진짜 멋진 부자가 되기를 바라 봅니다.

기획자 손영운

★ 이 책의 이야기는 사실을 바탕으로 각색되었음을 밝힙니다.

차례

첫 번째 이야기 ...8
개구쟁이 소년, 컴퓨터를 만나다!

두 번째 이야기 ...28
컴퓨터에 모든 것을 걸다!

☀ 열정에 과감히 소비하다! ...50

세 번째 이야기 ...52
마이크로소프트의 탄생

네 번째 이야기 ...74
마이크로소프트, 날개를 달다!

☀ 마이크로소프트의 기술적·상업적 확장에 기여한 세 인재 ...90

다섯 번째 이야기 ...92
위기에서 찾은 제2의 인생

여섯 번째 이야기 ...110
가난한 나라의 아이들에게 예방 백신을!

● 유명세를 적극 활용하다! ...130

일곱 번째 이야기 ...132
더 나은 세상을 위해, 마이크로소프트여, 안녕!

여덟 번째 이야기 ...152
굶주림과 가난 문제를 해결하려는 노력

● 실수도 교훈으로 삼다! ...170

아홉 번째 이야기 ...172
모두가 평등한 세상을 꿈꾸며

열 번째 이야기 ...196
21세기에 빛나는 의무, 리세스 오블리주

● 자선 사업을 재정의하다! ...216
● 되짚어 보고 생각해 보고 ...220
● 빌 앤드 멀린다 게이츠 재단 연보 ...222

첫 번째 이야기
개구쟁이 소년, 컴퓨터를 만나다!

게이츠 가족은 모이면 카드놀이를 자주 했는데,

외할머니는 놀이를 통해 상대의 생각을 읽는 법과 게임 규칙 등을 가르쳐 주었다.

빌, 빈틈없이 생각해야 해.

으음….

뭘 내야 할지 모르겠어요.

있다!

제가 이겼어요!

이런, 할미가 방심했구나.

빌은 뛰어난 머리와 강한 승리욕을 가졌지만, 참을성이 부족했다.

빌은 꾸준히 노력하는 사람만이 성공할 수 있다는 아버지의 말씀을 가슴 깊이 새겼다.

제3세대 컴퓨터
1964~1971년까지 집적 회로(IC)를 사용한 컴퓨터 시스템을 말하며, 당시엔 값이 비싸서 학교에서 교육용으로 설치할 수는 없었다. 레이크사이드 학교는 가까운 곳에 제너럴일렉트릭사가 있는 덕분에 그곳의 컴퓨터인 디지털이큅먼트(DEC) PDP-10에 학교 단말기를 연결하여 컴퓨터를 사용했고, 요금은 이용한 시간에 따라 계산하였다. '텔레타이프실'이라 불린 컴퓨터실에는 DEC PDP-10과 전화선으로 연결된 전산 타자기가 있었다.

베이식 언어
1964년 미국 다트머스 대학교의 존 케메니 교수와 토머스 커츠 교수가 개발한, 프로그램을 작성하는 언어다. 언어 구조가 간단해서 프로그래밍을 처음 배우는 프로그래머들이 쉽게 배우고 대부분 운영 체계에서 사용해서 퍼스널 컴퓨터의 표준 언어로 쓰인다.

• tic-tac-toe: ○ 또는 ×를 3개 연달아 놓으면 이기는 서양식 오목.

얘들아, 방법을 찾았어!

방법을 찾았다니?

컴퓨터를 다시 쓴다고?

어떻게?

이걸 봐.

〈구인 광고〉
PDP-10 결함 조사 프로그래머 구함.
C-큐브드

간단한 프로그램의 오류를 수정해 주면 컴퓨터를 사용할 수 있어.

일을 하자고?

경험도 쌓고, 컴퓨터도 마음껏 쓸 수 있어!

그거 좋은 생각인데!

• L.P.G.: Lake Side Programmers Group의 앞글자 약자.

두 번째 이야기
컴퓨터에 모든 것을 걸다!

광고를 보고 왔습니다.

프로그램 일을 하겠다고?

학교에서 PDP-10을 사용해서 프로그램을 만들어 봤어요.

그래…?

PDP-10의 결함을 찾을 수 있겠니?

네!

빌 게이츠는 워싱턴 대학교 도서관에서 컴퓨터를 무료로 사용한다는 것을 알았다.

결국 빌 게이츠는 경찰서 신세를 졌다.

이를 통해 책임감 없는 호기심과 자만심은 큰 범죄를 일으킴을 깨달았다.

컴퓨터를 올바르게 사용하지 않으면 범죄가 되는구나.

죄송해요.

다음 학년 마칠 때까지 컴퓨터는 금지다.

일 년 반이나요?

네 잘못된 행동에 대한 벌이다.

빌 게이츠와 폴 앨런은 TRW에서 시스템 복구와 데이터 보관 일을 했다.

빌 게이츠와 폴 앨런이구나.

네, 잘 부탁드립니다.

실력이 굉장하던걸! 궁금한 게 있으면 언제든 찾아와.

누구지?

피터 노턴인데 5,000쪽이 넘는 운영 체제 리스트를 줄줄 외운대.

우아, 엄청난 실력자잖아!

스티브 발머(Steve Ballmer, 1956~)
1956년 미국 디트로이트에서 태어났으며, 하버드 대학교에서 응용 수학과 경제학을 공부했다. 1980년에 빌 게이츠의 제의를 받아들여 마이크로소프트(MS)사에 입사해, 빌 게이츠를 이어 MS의 최고 경영자가 되었다.

후유, 다 끝났다. MITS에 가는 일만 남았네.

난 수업이 있어 못 가겠어.

최선을 다했으니 분명히 결과가 좋을 거야.

나 혼자서 잘해 낼까?

폴 앨런은 완성한 프로그램을 들고 MITS사가 있는 뉴멕시코 주 앨버커키로 향했다.

반드시 성공해서 돌아와야 해!

열정에 과감히 소비하다!

타고난 독서광

빌 게이츠는 독서광으로 유명해요. 이는 아버지의 영향이 커요. 그는 어려서부터 가족과 함께 큰 소리를 내어 책을 읽었고, 모르는 단어가 있으면 식사 중에도 아버지가 서재에 들어가 사전을 찾아 주었다고 해요. 또한 아버지는 그와 형제들을 도서관에 자주 데려갔고, 독서 토론을 통해 사고력을 길러 주었다고 해요.

빌 게이츠는 어린 시절에 에드거 라이스 버로스의 《타잔》 이야기에 빠졌을 뿐 아니라 20권짜리 세계 백과사전을 열심히 읽었어요. 또한 프랭클린 루스벨트나 나폴레옹 보나파르트 등 시대의 위인들이 쓴 자서전에도 관심이 많았어요. 그리고 달 착륙 시대에 태어난 데다 호기심이 많아서 과학 서적에도 흥미를 보였어요.

《타잔》의 원작자 에드거 라이스 버로스

역사 속 물건 수집광

빌 게이츠는 역사 속에 잠깐 등장하는 물건들도 수집해요. 아이작 뉴턴과 에이브러햄 링컨이 작성한 원본 문서들을 소유하고 있어요. 특히 빌 게이츠가 가진 특별한 보물로는 레오나르도 다빈치의 코덱스 레스터가 있어요. 1510년대 날짜부터 시작하는 72쪽짜리 작업 노트에는 천문학부터 화석에 이르기까지 다양한 주제에 대한 레오나르도 다빈치의 생각과 관찰이 글로 남겨져 있어요. 빌 게이츠는 이 노트

레오나르도 다빈치의 기록 가운데 밀라노에 보존되어 있는 코덱스 트리불치아누스. 그의 노트에는 글과 그림이 함께 기록되어 있어요.

를 구매했고, 이탈리아인들은 이에 대해 항의했어요. 하지만 빌 게이츠는 이 노트가 이탈리아가 아니라 세계의 문화유산이라고 주장했어요.

자동차 취미

자선 사업 외에 빌 게이츠는 그의 재산을 어떻게 사용했을까요? 빌 게이츠는 많은 재산을 마이크로소프트를 넘어서 뻗어 나가는 그의 사업적 관심 분야들에 분산해 투자했어요. 심지어는 컴퓨터와는 큰 관계가 없는 자동차 딜러와 쓰레기 재활용 업체에 투자하기도 했어요. 물론 빌 게이츠에게는 재정적 여유가 충분했어요. 하지만 그는 부를 앞세우는 것을 즐기지 않았어요. 오로지 빌 게이츠는 학창 시절부터 신형 자동차를 사는 데만큼은 수십만 달러를 썼어요. 그는 삶의 다른 부분에서는 검소했지만 자동차에 있어서만큼은 원 없이 돈을 썼어요. 몇 날 며칠 일에만 매달리는 데서 벗어나 한숨 돌리고 스트레스를 풀었어요.

저택, 제너두 2.0

빌 게이츠가 소유한 여러 부동산 중 가족이 생활하는 곳이에요. 오손 웰즈의 고전 영화 〈시민 케인〉에서 따와 '제너두 2.0'이라는 별명을 붙였어요. 유명한 디자이너인 티에리 데스폰이 실내 장식을 했어요. 내부에는 24개의 화장실과 23대의 차를 넣을 수 있는 차고, 100명을 수용할 수 있는 호수가 바라보이는 식당, 좌석이 20개인 영화관, 6m 높이의 트램폴린 방 그리고 단독 보트 창고가 있어요. 저택은 최첨단 생활을 위한 실험실로 쓰이며 다양한 신기술로 채워져 있어요. 손님들이 도착하면 각자 암호를 받아, 이 방 저 방 옮겨 다닐 때마다 그들의 취향에 맞는 음악이 흘러나오고, 벽에 걸린 고해상도 화면에는 맞춤형 예술 작품이 띄워져요.

빌 게이츠 저택, 제너두 2.0

세 번째 이야기
마이크로소프트의 탄생

MITS에 도착한 폴 앨런은 개발한 베이식 언어를 3,000달러에 판매한다.

"프로그램이 정상 작동해!"

"성공이야!"

1975년, 빌 게이츠와 폴 앨런은 MITS가 있는 앨버커키의 작은 아파트에 회사를 차렸다.

"회사 이름을 뭐라고 할까?"

"'작고 부드러운' 뜻의 마이크로소프트, 어때?"

"아이스크림 회사 이름 같지 않아?"

• DOS: 디스크 운영 체제(Disk Operating System)의 준말로서, 디스크에 운영 체제를 저장하고, 디스크를 중심으로 시스템을 관리하는 모든 운영 체제를 말한다.

1981년, IBM은 '퍼스널 컴퓨터(Personal Computer, PC)'라고 이름 붙인 소형 컴퓨터를 세상에 내놓았다.

찰칵 찰칵

생각보다 반응이 좋은데?

조만간 폭발적으로 팔릴 거야.

찰칵

MS-DOS도 함께 날개 돋친 듯이 나가겠네.

당연하지.

IBM은 MS-DOS의 소유권을 우리에게 남겨 둔 걸 후회할 거야.

• 유나이티드 웨이: 미국의 자선 단체 중 하나.

워런 버핏(Warren Buffett, 1930~)
미국의 주식 투자자이자, 보험업을 주력 사업으로 하는 회사인 버크셔 해서웨이의 회장으로, 1956년 100달러로 주식 투자를 시작해, 미국 최고의 갑부가 된 전설적인 투자의 귀재다. 나이가 들어서는 재산의 90%를 사회에 환원하고, '부자들의 부자세 반대'를 반대하는 운동을 펼치는 등 부자들의 책임에 대해 새로운 시각을 제시한 인물로 더욱 알려졌다.

네 번째 이야기
마이크로소프트, 날개를 달다!

1983년, 빌 게이츠는 새로운 방식의 운영 체제인 윈도우즈를 개발했다.

MICROSOFT WINDOWS 설명회

"우리가 만든 윈도우즈는 마우스만으로 모든 처리를 합니다."

"반응이 좋아! 서둘러 시장에 내놓아야겠어."

"일일이 명령어를 입력할 필요가 없어 편리하겠군."

"누구나 쉽게 컴퓨터를 쓰겠어."

2년 뒤, 윈도우즈 1.0을 출시하고, 다음 해 회사 주식을 공개했다.

"27.75달러로 시작한 주식이 1년 만에 90.75달러나 됐어!"

"아직 멀었어. 앞으로도 계속 오를 거야."

윈도우즈(Windows)
윈도우즈, 즉 창문들이라는 이름 그대로 컴퓨터의 한 화면에 여러 개의 창을 동시에 열고 닫으면서 여러 가지 작업을 동시에 하는 운영 체제다. 처음에 마이크로소프트사가 개발한 윈도우즈는 한 창만 열고 한 가지 작업만 했으나, 기능을 향상해 오늘날의 윈도우즈가 태어났다.
화면에 있는 아이콘을 마우스로 클릭하기만 하면 되어, 키보드로 일일이 명령어를 쳐 넣어야 하는 도스와 비교해 쉽게 이용한다. 현재는 전 세계 개인용 컴퓨터의 90% 이상이 윈도우즈를 사용한다.

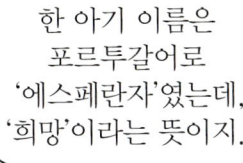

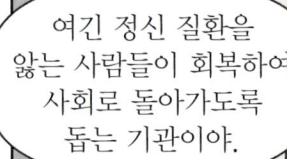

• 반독점: 하나의 기업이 하나의 시장을 지배하여 이익을 독차지하는 것을 독점이라고 하는데, 독점적 위치의 사업자가 그 위치를 이용하여 공정한 경쟁을 방해하는 것을 말한다.

> **브라우저(Browser)**
> 인터넷의 가장 대중적인 서비스인 월드 와이드 웹(World wide web; www)의 정보를 보게 하는 프로그램으로, '웹 브라우저'라고도 한다. 파이어폭스, 오페라, 크롬 등이 있으며, 마이크로소프트사의 '인터넷 익스플로러'가 현재 전 세계적으로 가장 많이 사용된다.

마이크로소프트의 기술적·상업적 확장에 기여한 세 인재

찰스 시모니

우주여행을 경험한 찰스 시모니

헝가리에서 온 소프트웨어 설계자로, 1968년 불과 20살의 나이로 미국으로 이주했어요. 시모니는 전설적 연구소인 제록스 팔로알토 연구센터 출신으로, 개인 컴퓨터인 제록스 알토를 개발해 유명해진 로버트 멧가프 곁에서 잠시 일했어요. 그 뒤 1977년에 스탠퍼드 대학교에서 컴퓨터 공학 박사 학위를 받았고, 4년 후에는 빌 게이츠가 마이크로소프트 아래 새로 세운 애플리케이션의 개발을 맡았어요. 그리하여 마이크로소프트에 장기적인 매출을 담보하게 된 워드, 엑셀, 그 외 오피스 프로그램의 개발을 총 책임졌어요. 하지만 시모니는 2002년에 마이크로소프트를 떠나 인텐셔널 소프트웨어라는 업체를 공동 창업했어요. 시모니는 사업가이자 유명한 연예인인 마사 스튜어트와 15년에 걸친 인연으로 매체의 주목을 끌기도 했어요. 시모니는 자산이 수천만 달러에 이를 것으로 추정되는데, 우주에 대한 애정을 발휘해 국제 우주 정거장에 두 번이나 갔다 왔어요. 또한 시모니는 여러 자선 사업을 일구기도 했어요.

네이든 마이어볼드

1959년 시애틀에서 태어났으며 UCLA와 스탠퍼드 대학교에서 이론물리학과 수학물리학 박사 학위를 받았어요. 마이어볼드는 창업한 IT 기업을 1986년에 마이크로소프트에 150만 달러에 팔았어요. 그 뒤 마이어볼드는 13년간 마이크로소프트에서 일하

마이크로소프트에서 일할 당시 찰스 시모니

며 최고 기술담당자 자리에까지 올랐어요. 1991년에는 마이크로소프트 연구소를 설립해, 1980년대와 1990년대 마이크로소프트가 내놓은 여러 가지 혁신 프로젝트에 관여했어요. 마이크로소프트를 그만둔 뒤에는 지적 재산권을 전문적으로 다루는 인터렉추얼 벤처스를 세웠고, 세계 바비큐 챔피언십에서 우승했어요. 또한 음식에 과학적·기술적 접근 방식을 접목한 조리 방식으로 연구한 책 《모더니스트 퀴진》을 쓰기도 했어요. 2010년 마이어볼드의 개인 자산은 6억 5,000만 달러로 평가되었어요.

카즈히코 니시

1956년 일본 고베에서 태어나 1977년 아스키 코퍼레이션을 창립해 인기 있는 컴퓨터 잡지를 창간했고, 소프트웨어를 개발했어요. 니시는 22살 때인 1978년에 동갑내기인 빌 게이츠를 만났어요. 니시는 극동 지역에서 마이크로소프트의 사업 확장을 맡았고, 일본 회사인 NEC와의 거래를 성사시키며 비즈니스를 성공적으로 자리 잡게 했어요. 또한 마이크로소프트와 인텔의 제휴에도 기여했어요. 하지만 니시의 예측 불가능한 성격은 빌 게이츠와 거리를 멀어지게 했어요. 마이크로소프트가 상장되기 직전에 빌 게이츠는 니시를 초빙해 파트너십을 재정립하려 했으나 니시가 이를 거절해 결국 이별하고 말았어요.

카즈히코 니시

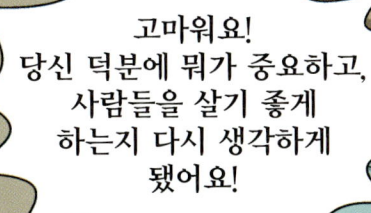

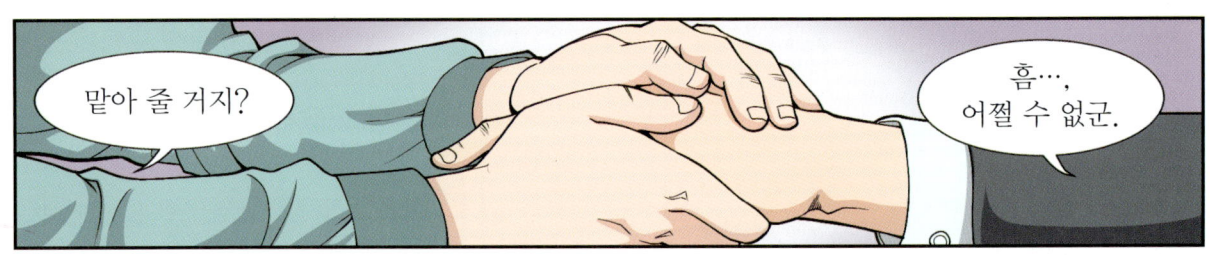

• 백신: 우리 몸에 미리, 질병을 이겨 내도록 하는 약물을 넣어 전염병을 예방하거나 치료하는 것.

잘사는 나라에서는 사라졌지만, 가난한 나라에는 있는 질병에는 어떤 것들이 있을까?

홍역: 영양실조나 설사, 폐렴 증세와 함께 나타나며, 주로 북한, 아프가니스탄, 앙골라, 소말리아, 나이지리아 등지에서 5살이 안 된 아이들에게서 많이 발생한다. 매년 4,000만여 명의 어린이가 이 병으로 생명을 잃는다.

말라리아: 모기 때문에 감염되며, 사하라 사막 이남 아프리카에서 발생한다. 30초에 어린아이 한 명이 목숨을 잃을 정도로 매우 위험한 병이다.

설사병: 깨끗하지 못한 화장실 시설과 오염된 물 때문에 여러 병균이 몸속에 들어가서 감염된다. 여러 질병을 일으켜 세계 곳곳의 많은 아이가 이 병 때문에 고통받는다.

파상풍: 상처 난 곳에 감염되어 근육을 수축시키는 질병으로, 전 세계에서 발생하지만, 특히 가난한 나라의 예방 접종을 받지 않은 산모가 낳은 아이들에게서 많이 나타난다. 신생아 파상풍은 접종으로 예방하는 질병 중에 어린이 사망 원인 2위를 차지한다.

여섯 번째 이야기
가난한 나라의 아이들에게 예방 백신을!

처음, 빌 앤드 멀린다 게이츠 재단은 저개발국 아이들의 건강 상태를 나아지게 할 구체적인 방법들을 고민했다.

"열대성 질병*을 없애는 연구에 집중했으면 해요."

"특별한 이유라도 있어요?"

* 열대성 질병: 열대 지방에서 보는 콜레라, 장티푸스, 말라리아, 뎅기열, 이질 등의 질병.

방글라데시 수도 다카

"오래전에 아버지와 방글라데시에 다녀온 적이 있어요."

• 제3세계: 아시아, 아프리카, 라틴 아메리카에 있는 개발 도상국을 이른다.

록펠러 재단
개인이 만든, 세계 최대의 자선 단체 중 하나로, 1913년 미국의 석유왕 존 D. 록펠러가 세워 그 역사가 100년이 넘는다. 전 세계 굶주림 문제와 인구 문제, 대학의 발전, 개발 도상국 지원 등 국경과 분야를 넘어 '인류의 안녕과 행복'을 위한 활동에 전념한다.

• 우리 돈으로 약 5조 원.

• 리처드 액설(Richard Axel, 1946~): 사람의 후각이 냄새를 인지하는 과정을 밝혀내어, 2004년에 린다 B. 빅과 함께 공동으로 노벨 생리의학상을 받았다.

세계 보건 기구(World Health Organization; WHO)
보건·위생 분야의 국제적인 협력을 위해 1948년 스위스 제네바에 세운 UN(국제 연합)의 전문 기구다. "세계의 모든 사람이 가능하면 최고의 건강 수준에 도달하는 것"을 목표로 활동한다. 이를 위해 연구 자료를 제공하고, 유행성 질병 및 전염병의 대책을 후원한다. 194개국에 달하는 회원국의 보건 상태와 관련한 행정 업무를 지원하는 등의 일을 주요 업무로 한다.

• 보노(Bono, 1960~): 아일랜드 출신의 록밴드 U2의 리드 싱어 겸 작곡가로, 기부와 자선 활동, 사회 문제 해결에 앞장서는 등 사회 운동가로도 활동한다.

유명세를 적극 활용하다!

유엔에 도움 요청

빌 게이츠는 빌 앤드 멀린다 게이츠 재단 활동을 위해 자신의 유명한 신분을 활용해 넓은 인맥과 세상을 움직이는 권력자들, 특히 유엔에 도움을 청했어요. 유명세는 언론의 관심을 부르고, 언론의 관심은 영향력을 부른다는 것을 알았지요. 그래서 빌 게이츠는 빈곤 계층과 주목받지 못하는 계층에 대한 관심을 모으기 위해 자신과 지인들의 유명세를 이용해 왔어요.

보노와의 파트너십

세계적인 밴드 U2의 메인 보컬 보노

보노는 세계적인 밴드 U2의 메인 보컬로, 아프리카에서의 빈곤과 에이즈 퇴치를 비롯한 여러 사회 문제를 위해 오랫동안 활동했어요. 빌 게이츠와 보노의 연합은 2005년 〈타임〉지의 '올해의 인물들'에 이름을 올리며 강력한 파트너십을 뽐냈어요. 보노가 폴 앨런과 친분이 있어 빌 게이츠를 소개해 달라고 부탁해 두 사람은 처음 만나게 되었지요. 빌 게이츠는 첫 만남을 이렇게 회상했어요. "보노는 일을 추진하기 위한 진지한 책임감을 가지고 있었고, 굉장했습니다. 그 후로 우리는 서로 믿음직한 공범이 되었습니다." 보노는 이렇게 말했어요. "게이츠 재단이 없었다면, 제가 하려는 일을 실제로 해내지 못했을 겁니다."

원(ONE) 단체와 레드(RED) 운동

빌 게이츠는 보노가 추진하는 원 단체와 레드 운동을 지원했어요. 원은 아프리카 지역을 중심으로 빈곤과 예방 가능한 질병의 퇴치를 부르짖던 600만 명의 회원 수를 자랑하는 국제 단체예요. 또 레드 운동은 유명한 다국적 기업과 협약을 맺어 그들의 수익금 중 일부를 기부하는 프로그램이에요. 컨서브, 아르마니, 갭 등의 회사들이 참여해, 수백만 달러를 모아 에이즈 치료를 위한 지원금으로 기부했어요. 세계적인 록

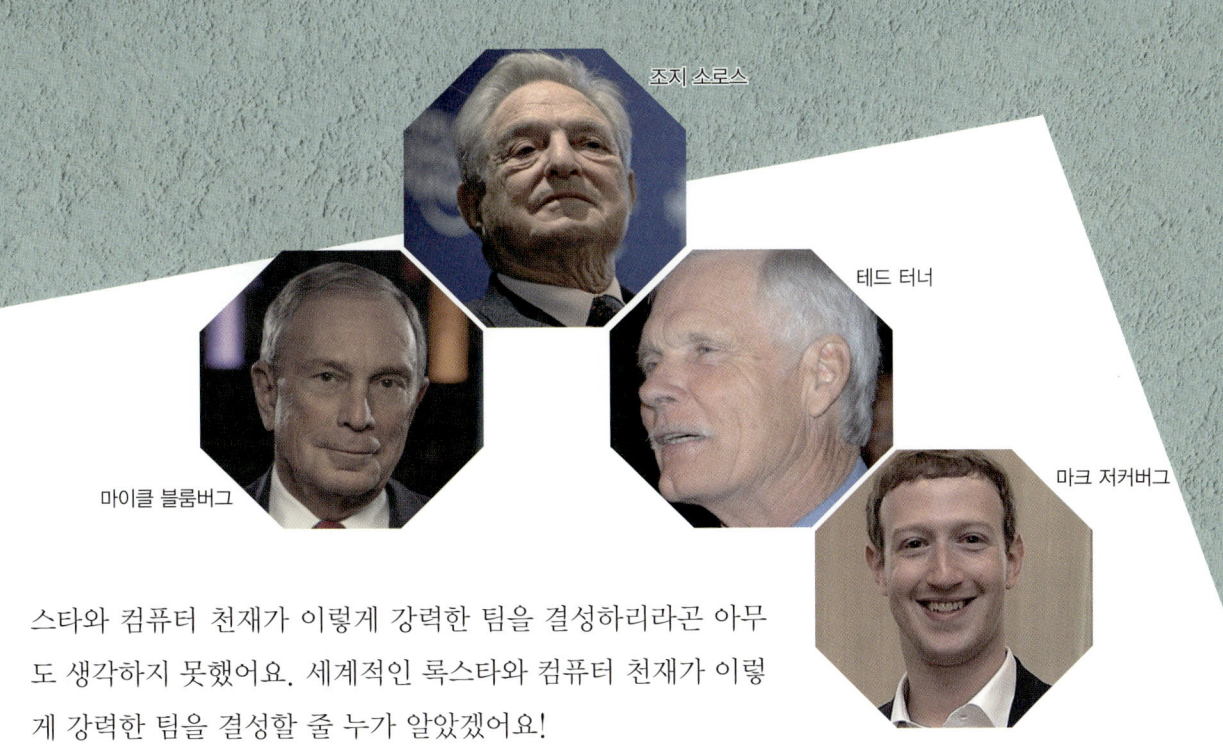

스타와 컴퓨터 천재가 이렇게 강력한 팀을 결성하리라곤 아무도 생각하지 못했어요. 세계적인 록스타와 컴퓨터 천재가 이렇게 강력한 팀을 결성할 줄 누가 알았겠어요!

기부 맹세 운동

게이츠가 했던 유명인과 자선 사업을 결부시키는 실험 중 가장 중요했던 것으로, 멀린다와 버핏이 함께 참여한 운동이에요. 이 운동은 최상류층, 특히 억만장자들을 대상으로 했어요. 그 뿌리에는 전 재산의 99%를 사회에 환원하겠다는 버핏의 약속과 빌 게이츠의 95% 기부 약속이 있었어요. 이 운동에 참여하는 억만장자들은 최소한 재산의 절반 이상을 사회에 환원하겠다는 서약을 맺었어요. 첫 모임은 빌 게이츠 대신 데이비드 록펠러가 2009년에 뉴욕의 록펠러 대학교에서 비밀리에 열었어요. 초창기의 유명인으로는 사업가이자 전 뉴욕 시장인 마이클 블룸버그, 월스트리트의 금융 재벌 조지 소로스와 테드 터너 그리고 만능 엔터테이너 오프라 윈프리 등이 있었어요. 이 캠페인은 2010년 공개적으로 알려졌고, 2015년 1월까지 128명이 서약한 것으로 알려졌어요. 그중에는 페이스북 창업자로 불과 23살의 어린 나이에 억만장자가 된 마크 저커버그도 있었어요. 이들이 앞으로 더 나은 세상을 만드는 데 어떤 특별한 공헌을 세울지 기대돼요.

일곱 번째 이야기

더 나은 세상을 위해, 마이크로소프트여, 안녕!

2006년, 버크셔 해서웨이의 회장인 워런 버핏이 깜짝 발표를 했다.

내 재산의 85%인 375억 달러를 기부하겠습니다.

뭐? 사상 최대 기부금이잖아!

그중 310억 달러는 게이츠 부부의 재단에, 나머지 65억 달러는 가족 재단에 기부하겠습니다.

왜 갑자기 재산을 대부분 기부하기로 했습니까?

아내가 죽고 나서 그것이 옳다는 확신이 들었습니다.

굳이 게이츠 재단에 큰돈을 기부하는 이유가 뭔가요?

> 쓰나미와 지진 피해 지역 지원도 여기에 포함되네.

> 산모와 아이들의 건강 관리와 가족계획 등도 포함되죠.

> 미국 내 프로그램은 어떤 지원을 하겠다는 거죠?

> 26살 전에 대학을 졸업하는 저소득층 인구를 2배로 늘릴 계획입니다.

> 사람들이 건강하고 충분히 교육받는다면, 스스로 성공한다고 믿습니다.

> 앞으로 해야 할 일이 많아지겠군요.

> 모든 프로그램이 성공하도록 더 열심히 뛰겠습니다.

세계 경제 포럼 (World Economic Forum; WEF)

세계 경제 올림픽으로 불릴 정도로 전 세계 정치인과 기업인 들에게 그 영향력을 인정받는 회의다. 스위스 다보스에서 열린다고 하여 '다보스 포럼'이라고 불린다. 매년 1, 2월에 개최되며, 세계의 저명한 기업인, 경제학자, 저널리스트, 정치인 등 2,000여 명이 모여 세계 경제에 대해서 토론하고 연구한다.

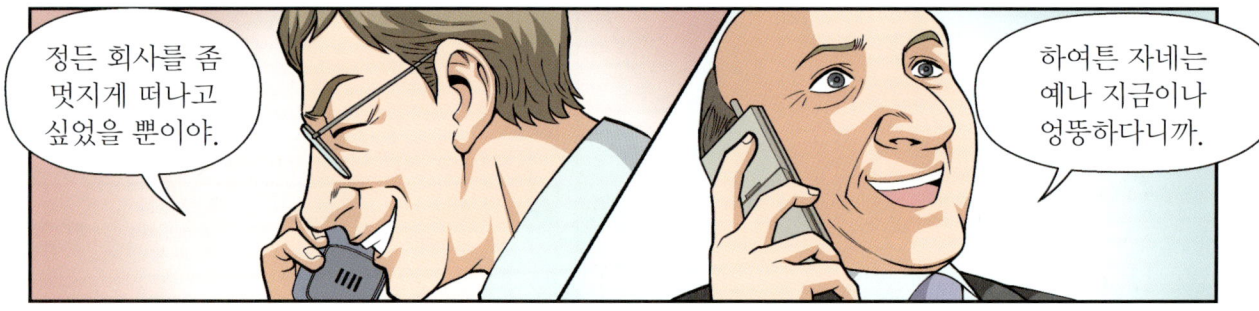

보노, 나 일 그만뒀는데, 취직 좀 시켜 줘.

우리 밴드 멤버 다 찼거든.

다음날 아침

마지막 날인데, 넥타이라도 매고 가지 그래요?

평소처럼 하는 게 편해요.

이걸 타고 가라고?

사람들도 많이 올 텐데, 늘 타던 고물 차를 타고 갈 순 없잖아요.

TED (Technology, Entertainment, Design)
1984년에 만들어진 이익을 목적으로 하지 않는 미국의 재단으로, 1990년부터 기술, 오락, 디자인과 관련하여 유명한 인물과 업적을 이룬 사람들을 초대해 "세상을 바꿀 아이디어, 퍼뜨릴 만한 아이디어를 공유하자."라는 취지로 매년 강연회를 연다.

윙
위잉
윙
윙
진짜
열었잖아!
이게 무슨 일이야!
이리 온다!
저리 가!
난 물린 거
같아!
짝
안심하세요.
이 모기들은
말라리아 병균이
없습니다.
그러면
그렇지.
괜히
놀랐잖아.
놀라게 해 드려
죄송합니다.
말라리아는 무서운
질병으로 공포의
대상입니다.

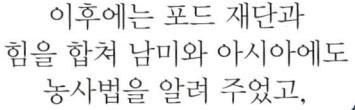

국제 백신 연구소
(International Vaccine Institute; IVI)
한국에 본부를 둔 최초의 정부 간 국제기구로, 1997년 백신 연구 및 개발을 통해 어린이와 가난한 사람들의 질병 문제를 해결하고, 인류 복지를 개선하는 것을 목적으로 세워졌다. 어느 한 국가에 속하지 않은 독립된 국제기구로, 한국·스웨덴 등 회원국과 국제기구, 공공 기관, 빌 앤드 멀린다 게이츠 재단을 비롯한 민간 단체의 기부금으로 운영된다.

실수도 교훈으로 삼다!

넷스케이프

1996년 〈타임〉지 표지 모델 마크 앤드리슨

1995년 23살의 마크 앤드리슨이 빌 게이츠의 컴퓨터 제국에 도전장을 내밀었어요. 1994년 12월, 마크 앤드리슨은 넷스케이프라는 회사를 만들고, 인터넷 검색 프로그램인 내비게이터를 발표했어요. 사람들은 세계를 연결하는 인터넷의 신기함에 끌렸어요. 그 바람에 내비게이터는 7개월 만에 4억 달러어치가 팔려, 순식간에 인터넷 시장을 정복했어요. 마크 앤드리슨은 현명한 예측력으로 억만장자의 대열에 올랐어요. 빌 게이츠는 무서운 속도로 떠오르는 인터넷 시장을 지켜보면서 자신의 실수를 깨닫고는 최고의 인력을 투입해 인터넷 사업에 뛰어들었어요.

익스플로러

빌 게이츠가 내비게이터를 상대로 개발한 인터넷 검색 프로그램은 인터넷 익스플로러였어요. 마이크로소프트는 넷스케이프를 무너뜨리기 위해 공짜 전략을 택했어요. 누구나 인터넷 익스플로러를 내려받게 하고, 각종 사이트에 무료로 접속하게 했지요. 물론 내비게이터를 이용하는 사람은 돈을 내게 했어요. 이 모든 전략에 넷스케이프는 서서히 무너져 갔어요. 세계 컴퓨터의 90% 이상에 컴퓨터 운영 체제인 윈도우즈가 깔려 있어 넷스케이프가 원활하게 실행되지 않았지요. 하지만 빌 게이츠는 컴퓨터 업계의 자유로운 경쟁과 발전을 막았다며 청문회에서 심판을 받게 되었어요. 이에 빌 게이츠는 마이크로소프트가 경쟁사들을 무너뜨리려 한 것이 아니라 급속한 기술 발전 때문이라고 주장했어요. 인터넷 익스플로러가 이미 세상을 장악해 버렸던 거예요.

여기서 잠깐! 인터넷의 기원

오늘날 우리가 알고 있는 인터넷은 1960년대 미국 국방부 산하 연구소 내에서 서로 떨어진 건물들에서 근무하는 직원들이 소통하도록 만들어진 알파넷이 그 시초예요. 처음부터 대중이 사용하도록 생각하고 만들어진 것이 아니었어요. 개인이 컴퓨터를 가진다는 개념도 꿈만 같았던 시절, 일반 대중이 세계의 정보가 모인 곳에 동시에 접속한다는 생각은 공상 과학이나 마찬가지였어요.

모든 가정과 사무실에 컴퓨터 한 대씩을!

빌 게이츠는 비록 컴퓨터 세계를 지배한다는 평가를 받았지만, 그의 목표는 '모든 가정과 사무실 책상에 컴퓨터 한 대씩을!' 갖게 하는 것이었어요. 빌 게이츠는 모든 사람이 인터넷을 사용하도록 자선 재단을 설립해 도서관과 학교에 지원을 약속해 2억 달러를 기부했어요. 2001년에 미국 공립학교에 10억 달러 상당의 컴퓨터와 소프트웨어를 제공했지요. 그러자 사람들은 빌 게이츠의 자선 사업이 소프트웨어를 팔기 위한 속셈이라며 비난했어요. 하지만 빌 게이츠는 오히려 자신의 오랜 꿈을 위해 지원 규모를 늘려 나갔어요.

컴퓨터가 여는 새로운 세상, 유비쿼터스

유비쿼터스는 우리의 생활 속에서 컴퓨터나 네트워크를 언제, 어디서나 편리하게 사용할 수 있는 시스템을 말해요. 그동안 꿈꿔 왔던 휴대전화는 물론 사람의 움직임을 인식해 작동하는 에스컬레이터나 가전기기 등 여러 가지 일이 실제로 이루어지게 되었지요. 더 작아진 컴퓨터와 움직이는 PDA 등도 유비쿼터스에 해당해요. 콘텐츠를 이용함과 동시에 스스로 자신이 원하는 콘텐츠를 만들 수가 있지요.

아홉 번째 이야기
모두가 평등한 세상을 꿈꾸며

특별한 기사라도 났니?

버핏 씨가 부유층의 세금을 올려야 한다는 글을 썼네요.

"All the News That's Fit to Print"

The New York Times

Late Edition
Today, clouds, afternoon breezy, high 56. Tonight, rain early, some clearing. Tomorrow, a late-day shower 59. Weather map is on

..CLXII .. No. 56,092   ©2013 The New York Times   NEW YORK, SUNDAY, AUG, 14, 2011 $6 beyond the greater New York metropolitan area.

슈퍼 부자 감싸기를 중단하라!
—워런 버핏—

빈곤층과 중산층 사람들이 우리를 위하여 아프가니스탄에서 싸울 때, 또 대부분 미국인이 겨우 먹고살아 가려고 노력할 때, 우리 슈퍼 부자들은 계속해서 특별한 세금 우대를 받아 왔다.

작년에 내가 낸 세금은 벌어들인 돈의 17.4%밖에 안 되었다. 이는 내 사무실의 다른 20명의 직원보다 낮은 비율이었다. 그들은 벌어들인 돈의 33~41%를 세금으로 내야 했다. 당신이 만일 내 슈퍼 부자 친구들처럼 돈을 번다면, 당신의 세율은 나보다 약간 더 낮을 것이다. 그러나 당신이 직장에서 봉급을 받는 직장인이라면, 분명히 나보다 더 높은 세율을 적용받을 것이다.

나는 많은 슈퍼 부자를 잘 아는데, 그들은 대부분 미국을 사랑하고, 이 나라가 자신들에게 준 기회를 고마워한다. 그들 중 여러 명은 자기 재산의 대부분을 자선 활동에 주기로 약속하는 기부 서약 운동에 동참했다. 그들은 대부분 세금을 더 많이 내라는 소리를 들어도 군소리가 없을 것이다. …

• 상속세: 사망으로 자식이나 다른 사람에게 넘겨지는 재산에 대해 매기는 세금.

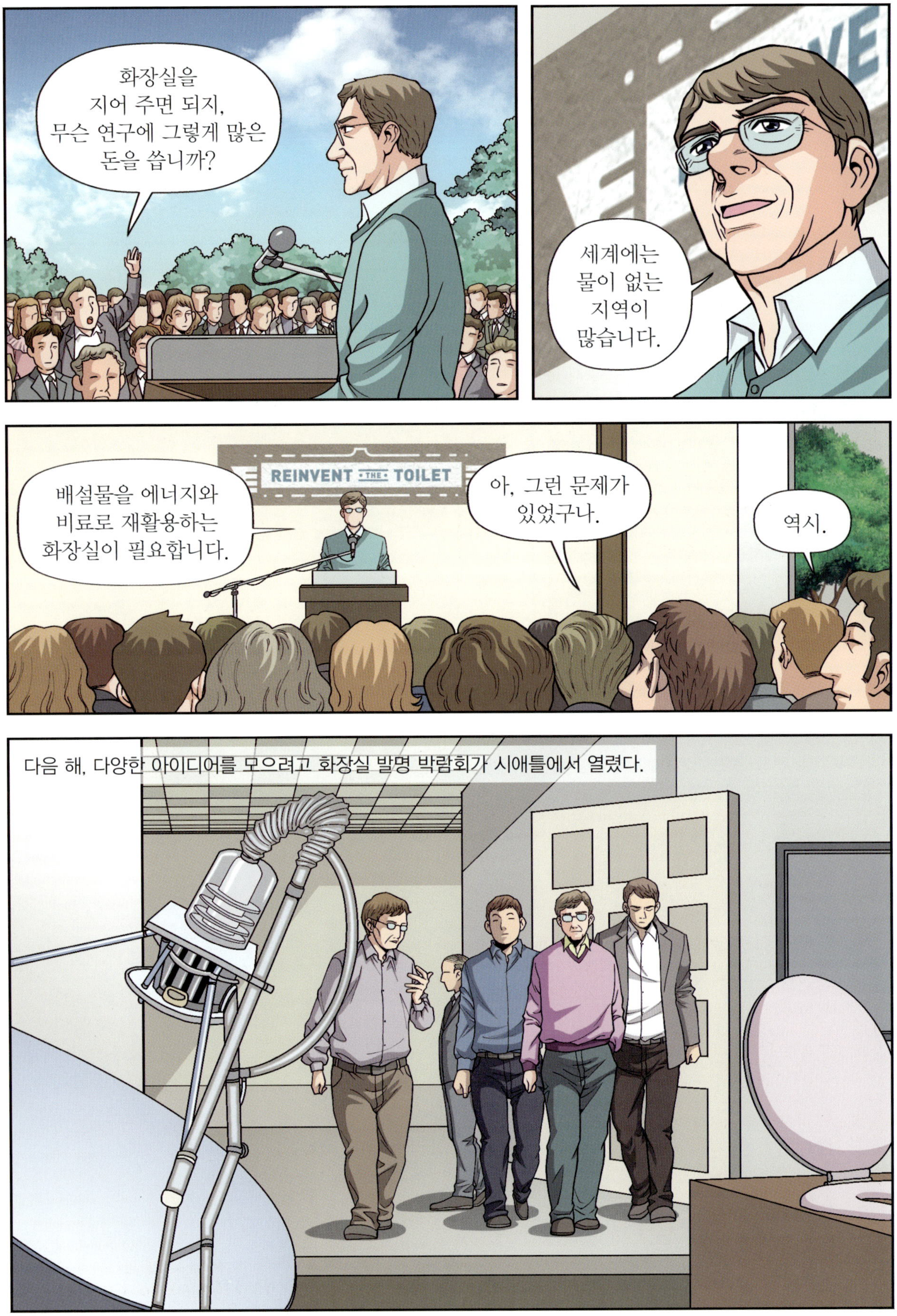

• 퀼트: 누비질을 하여 천의 무늬를 도드라지게 하거나 천 조각을 연결해서 만드는 수공예품.

네임스 프로젝트 재단
동성애자 인권 운동가인 클리브 존스가 1987년 동료들과 함께 세운 재단이다. 에이즈로 사망한 이들의 '이름'을 적는 것에서 재단이 시작했다고 하여 '네임스 프로젝트'로 불린다. 에이즈에 감염된 사람들의 인권을 보호하고 증진하는 일을 목적으로 한다.

• 추모: 죽은 사람을 그리며 생각하는 것.

열 번째 이야기

21세기에 빛나는 의무, 리세스 오블리주

• 후진타오: 중국의 국가 주석 역임(2003~2013. 3)

• 원자바오: 중국의 국무원 총리 역임(2003. 3~2013. 3)

• 〈포브스〉: 미국의 출판 및 미디어 기업인 포브스사가 2주마다 펴내는 주요 경제 전문지다.

더 기빙 플레지(The Giving Pledge)

빌 게이츠와 워런 버핏이 2010년 6월에 만든 기부 단체로, 미국의 유명한 경제 전문지인 〈포브스〉에서 선정한 미국의 400대 부자들을 대상으로 하며, 회원은 자신의 재산 절반을 기부할 것을 공개적으로 약속한다. 이런 이유로 단체 이름이 giving pledge, 즉 '기부 선언'이다. 2013년 현재 회원은 총 104명으로, 자산 규모가 무려 5,000억 달러(약 542조 원)이다. 이 운동에 참여하려는 슈퍼 부자들이 전 세계적으로 늘고 있다.

• 스티브 케이스: PC 통신 및 인터넷 서비스 회사인 아메리카온라인(AOL)의 공동 창업자로, 1985년에 세워진 AOL은 미국에서 사용자가 가장 많다.

• 마크 저커버그: 2004년에 개설된 미국의 유명 소셜 네트워크 서비스 웹사이트인 페이스북의 공동 창업자다.

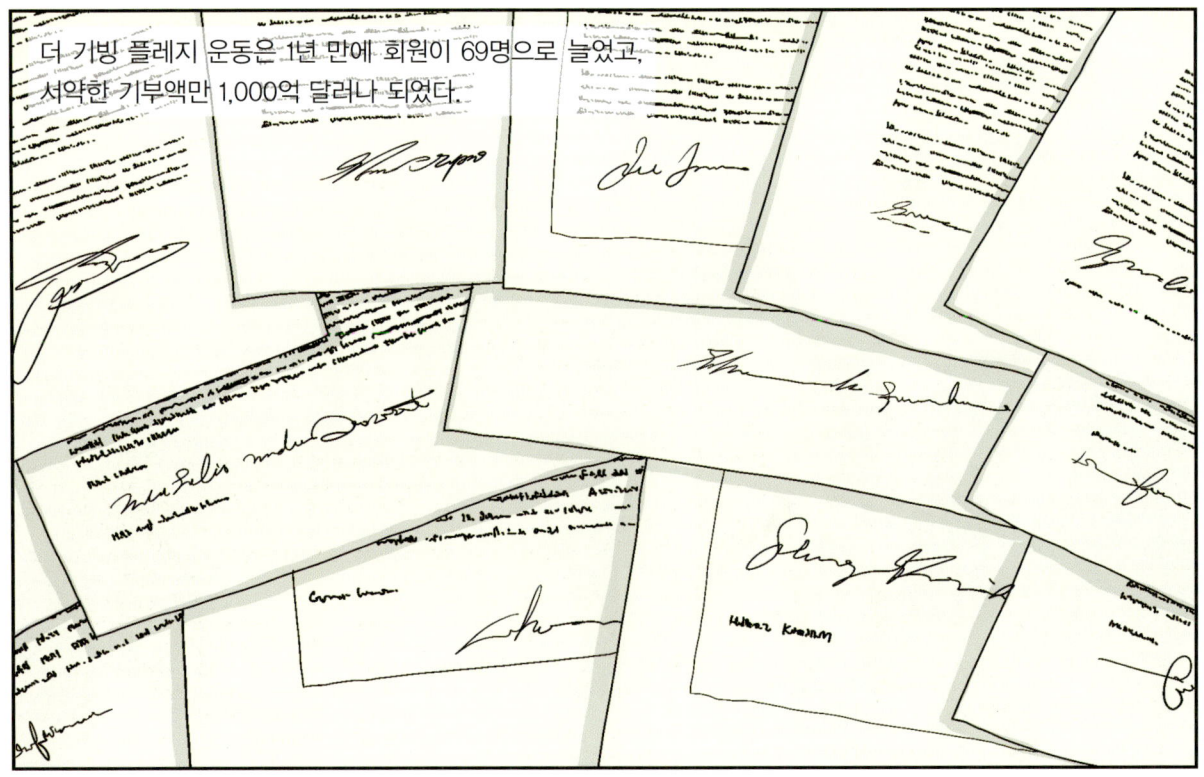

노블레스 오블리주(Noblesse oblige), 그리고 리세스 오블리주
프랑스에서 시작된 이 말은 초기 로마 시대에 왕과 귀족들이 평민에게 모범이 되고자 솔선수범하여 전쟁에 참전하고, 세금을 내고 기부했던 도덕적 의무와 행동을 말한다. 오늘날에는 지도층뿐만 아니라 부자들에게도 도덕적 의무와 사회적 책임이 뒤따른다는 의미에서, 부자를 뜻하는 프랑스어 '리세스'가 붙어 '리세스 오블리주(Richesse Oblige)'로 사용된다. 대표적인 활동이 나눔으로, 성실한 세금 납부와 기부 활동 등이 해당된다.

- 종자 전쟁: 오늘날 농산물의 씨앗은 국가나 기업이 씨앗을 수집하여 더 좋은 품종으로 개발한 다음, 이를 독점하여 높은 가격으로 판다. 이들 사이에서 벌어지는 치열한 경쟁을 종자 전쟁이라 부른다.

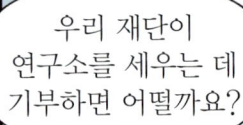

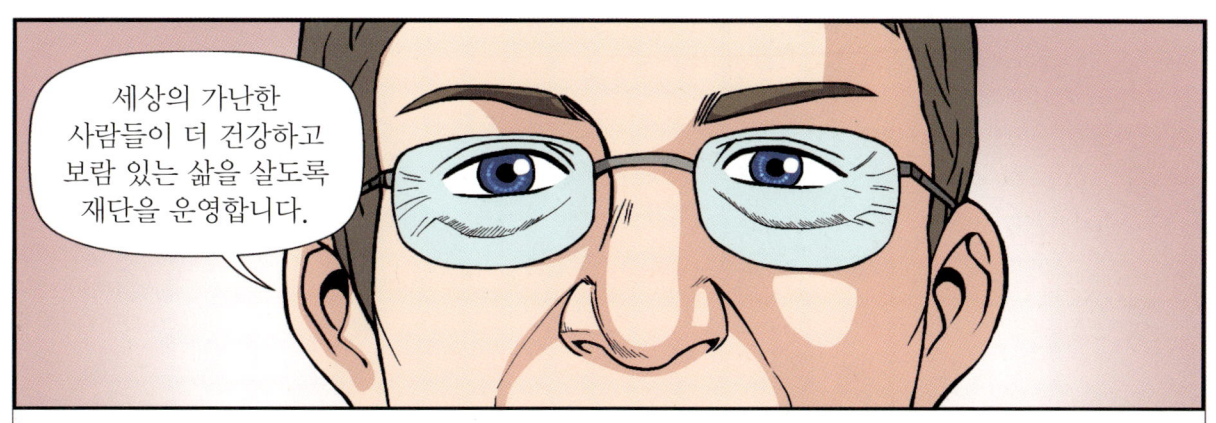

• 소아마비: 소아에게 발병하여 후에 수족 마비의 후유증을 남기는 병.
•• 우리 돈 약 1조 390억 원.

• 우리 돈 약 9,600억 원.

빌 게이츠는 2000년에 빌 앤드 멀린다 게이츠 재단을 만든 후, 매년 2조 원이 넘는 엄청난 돈을 기부하고 사람들의 참여를 이끈다.

게이츠 재단은 '교육'과 '건강'을 목표로 다음과 같이 크게 세 부분으로 나누어 지원하고,

글로벌 건강 프로그램
보건, 질병, 백신

미국 프로그램
장학재단, 학문 연구

글로벌 개발 프로그램
농업 개발, 금융 지원

아프리카 에이즈 치료 사업 및 공공 도서관, 인구 문제, 교육 등 세계적인 문제도 관심을 두고 참여한다.

소외된 지역의 불평등을 줄이고, 굶주림과 가난을 스스로 극복하도록 도와주는 것을 최우선으로 한다.

빌 게이츠는 매해 세계 부자 순위 1, 2위에 오르내리지만, 세계 1위의 부자보다 리세스 오블리주를 대표하는 사람으로 더욱 기억된다.

2013년, 게이츠 재단은 국제 로터리•와 함께 소아마비 퇴치를 위한 기금 5억 달러를 마련했으며, 빌 게이츠는 전 재산인 650달러를 다른 이의 생명을 살리는 데 모두 쓸 것을 약속했다.

• 국제 로터리: 사회봉사를 목적으로 만들어진 세계 최초의 봉사 클럽 연합체.

빌 게이츠는 자신이 돈을 번 것은 좋은 사회 환경 때문이라, 그런 사회가 유지되도록 자신의 재산을 돌려주어야 한다고 생각하고, 부자의 도덕적 의무를 다한다. 그리고 한발 더 나아가 세계 평등과 행복하고 잘사는 사회를 위해 아내인 멀린다 게이츠와 함께 오늘도 전 세계 도움이 필요한 곳 어디든 찾아다니며 나눔을 실천한다.

자선 사업을 재정의하다!

빌 게이츠와 척 피니

빌 게이츠의 롤 모델, 척 피니

빌 게이츠와 워런 비핏은 롤 모델로 척 피니를 비유하곤 했어요. 척 피니는 검소하게 살면서도 남모르게 기부하는 것이 즐겁다고 말해요. "한꺼번에 두 켤레의 신발을 신을 수는 없으니, 남는 것은 당연히 기부해야 한다."고 말해 왔어요. 남모르게 척 피니가 기부해 온 것은 부모의 영향이 커요. 그의 어머니는 이웃을 도우려고 외출할 일이 없는데도 있는 것처럼 나와서 차를 태워 주며 살았다고 해요. 지금도 척 피니는 1만 4,000원짜리 시계를 차며, 임대 아파트에 산대요. 전체 기부액은 빌 게이츠와 워런 버핏이 훨씬 많지만, 척 피니의 기부는 개인 자신의 99%를 남모르게 사회에 환원했다는 점에서 워런 버핏과 빌 게이츠의 롤모델이 되기에 충분해요. 척 피니는 2020년 이전에 최대한의 재산을 기부하기로 약속했고, 8조 2,000억 원을 기부했어요. 척 피니는 기부왕 롤 모델이기 전에 평범한 일반인처럼 말해요. "죽어서 기부하기보다 살아서 기부하는 것이 훨씬 즐겁다."고 말이에요.

빌 앤드 멀린다 게이츠 재단의 지원 현황을 보여 주는 거대한 두루마리

빌 앤드 멀린다 게이츠 재단 방문자들이 적은 희망 메시지 카드

빌 앤드 멀린다 게이츠 재단

    1994년 빌 게이츠가 가지고 있던 마이크로소프트 주식의 일부를 팔아서 재단을 만들었고, 아버지의 이름을 따서 윌리엄 H. 게이츠 재단이라 이름 붙였어요. 그러다 2000년에 빌 게이츠가 다른 자선 활동을 통합해 빌 앤드 멀린다 게이츠 재단으로 정리했어요. 재단의 홈페이지에는 '우리 재단은 모든 인류가 건강하고 생산적인 삶을 살도록 도움을 주고자 합니다.'라는 문구가 있어요. 재단은 정부, 민간 기업, 비정부 기관 등 여러 파트너와 협약을 맺어 개발도상국의 극도의 가난과 질병, 미국 교육 체계의 실패에 대응해요.

빌 앤드 멀린다 게이츠 재단 방문자 센터

　재단의 본사는 시애틀에 위치하며, 워싱턴 DC, 나이지리아 아부자, 에티오피아 아디스아바바, 중국 베이징, 인도 델리, 남아프리카공화국 요하네스버그, 영국 런던에 지부를 두고 있어요. 글로벌 개발 프로그램, 글로벌 건강 프로그램, 글로벌 정책과 운동, 미국 프로그램 등의 사업에 지원금을 주지요. 미국 프로그램은 교육에 대한 지원을 하고, 그 밖의 국제 프로그램은 기아와 가난 그리고 질병 퇴치 등의 문제를 완화하고자 투자해요. 1,200명의 직원을 보유해 설립 이후부터 2014년 9월까지 316억 달러를 지원금의 형태로 지출했으며, 2013년 한 해만 36억 달러를 지출하며 세계 100개국이 넘는 나라들에서 프로젝트를 진행했어요.

워런 버핏의 조언

　빌 게이츠와 20년 넘는 나이 차이에도 불구하고 우정을 나누고 있는 워런 버핏은 빌 게이츠와 마찬가지로 수많은 자선 활동과 기부를 통해 부의 재분배에 많은 기여를 했어요.

워런 버핏

　워런 버핏은 빌 게이츠에게 자선 사업에 대해 소중한 조언을 해 주었어요. "쉬운 프로젝트만 찾지 말고 정말 힘든 문제들에 매달리세요." 빌 게이츠는 실패를 받아들일 준비가 되어 있었어요. "버핏의 조언을 환영할 뿐만 아니라 당연히 진행할 겁니다. 자선 사업의 중요한 역할은 정부와 기업의 손이 미처 닿지 못하지만 해결 가능한 문제들에 도전하는 것이라고 생각하기 때문입니다."

되짚어 보고 생각해 보고

기억해 봅시다

1. 빌 게이츠는 뛰어난 머리와 강한 승부욕, 끊임없는 노력으로 자신의 꿈을 이루었어요. 다음 중 옳지 않은 것은 무엇인가요?
   ① 알테어 8800 컴퓨터에 사용할 수 있는 베이식 프로그램을 만들었어요.
   ② 윈도우즈 1.0을 내놓아 큰 관심을 받았어요.
   ③ 폴 앨런과 함께 컴퓨터 소프트웨어 회사인 마이크로소프트사를 세웠어요.
   ④ IBM에서 만든 개인용 컴퓨터에 사용할 MS-DOS를 개발했어요.
   ⑤ 윈도우즈 95에 이어 윈도우즈 98, 2000, XP 등을 계속 발표했어요.

2. 빌 게이츠가 친구들과 함께 만든 컴퓨터 소프트웨어 회사 이름은 무엇인가요?
   ① 마이크로소프트사   ② 애플사   ③ IBM사
   ④ 더 기빙 플레지   ⑤ 넷스케이프사

3. 빌과 멀린다 게이츠가 자신들의 재산을 가난한 사람들을 돕는 데 쓰기 위해 설립한 재단의 이름은 무엇인가요?
   ① 윈도우즈 재단   ② 레이크사이드 재단   ③ 빌 앤드 멀린다 게이츠 재단
   ④ 마이크로소프트 재단   ⑤ 알테어 8800 재단

4. 다음 중 빌 앤드 멀린다 게이츠 재단이 한 일이 아닌 것은 어느 것인가요?
   ① 가난한 나라의 아이들에게 예방 백신을 지원했어요.
   ② 빈곤 지역의 화장실 개발에 큰돈을 지원했어요.
   ③ 에이즈 퇴치와 백신 개발에 힘썼어요.
   ④ 소아마비 예방에 힘쓰도록 지원했어요.
   ⑤ 단순히 돈만 기부하고, 굶주림과 가난은 돕지 않았어요.

생각해 봅시다

1. 빌 게이츠는 컴퓨터를 만나면서 스스로 자기의 소질을 계발하게 되었어요. 내가 부모라면 자녀의 소질과 적성을 어떻게 찾아내야 할지 생각해 보세요.

2. 빌 게이츠도 아버지의 말씀처럼 '재산을 자식에게 남겨 주기보다 사회에 쓰는 것이 더 값지다.'고 생각했어요. 빌 게이츠처럼 부자가 되고 성공하려면 어떻게 해야 할지 써 보세요.

3. 빌 게이츠는 자신의 꿈을 이루자, 더 큰 꿈을 이루려고 노력했어요. 여러분은 어떤 꿈을 이루려고 노력하고 있는지 들려주세요.

4. 빌 게이츠 부부는 현명하게 돈을 쓰는 것은 버는 것만큼이나 어려운 일이라는 아버지의 가르침을 실천해 존경받고 있어요. 어떤 점을 본받고 싶은지 써 보세요.

빌 앤드 멀린다 게이츠 재단 연보

1955 10월 28일, 빌 게이츠, 미국 워싱턴 주 시애틀에서 태어남.

1967 빌 게이츠, 시애틀 명문 사립학교인 레이크사이드 학교로 전학함.

1971 정보과학사의 의뢰로 급여 프로그램을 만듦.

1972 빌 게이츠와 폴 앨런이 트래프 오 데이터라는 회사를 차려 교통 정보 분석 프로그램을 만듦.

1973 빌 게이츠가 하버드 대학교 법학과에 입학함.

1975 빌 게이츠와 폴 앨런이 8주 만에 베이식 프로그램을 완성함.
빌 게이츠가 학교를 그만두고 폴 앨런과 마이크로소프트를 차림.

1976 MITS의 사장인 에드워드 로버츠가 컴퓨터 보조 기억 장치인 디스크 베이식 개발을 부탁함.
아버지 이름으로 윌리엄 게이츠 재단을 만듦.
빌 게이츠가 〈컴퓨터 노츠〉라는 잡지에 소프트웨어 불법 복제를 바로잡기 위해 '컴퓨터 애호가들에게 보내는 공개편지'를 써 보냄.
빌 게이츠가 두 번째 공개편지를 〈알테어 회보〉에 보내 소프트웨어 산업의 기초를 만드는 데 중요한 역할을 함.

1979 마이크로소프트가 시애틀 외곽의 한적한 도시 밸리뷰로 이사함.

1983 빌 게이츠가 새로운 방식의 운영 체제인 윈도우즈를 개발함.

1987 빌 게이츠가 회사 언론 홍보 행사에서 멀린다 프렌치를 보고 한눈에 반함.

연도	내용

- **1990** 윈도우즈 3.0이 나와, 4개월 만에 100만 개가 팔려 나감.

- **1994** 1월 1일, 빌 게이츠가 서둘러 멀린다 프렌치와 결혼식을 올림.
  6월, 투병 생활하던 어머니가 세상을 떠남.

- **1995** 빌 게이츠가 컴퓨터 운영 체제에 머물던 사업을 새로운 인터넷 분야까지 넓힘.

- **1997** 게이츠 도서관 재단을 세움.

- **1998** 컴퓨터 제조 회사들이 마이크로소프트사를 반독점 행위로 고발함.

- **1999** 도서관 재단과 장학 재단을 합친 학술 재단인 윌리엄 H. 게이츠 재단에 9,600만 달러(약 100억 원)를 기부함.

- **2000** 빌 게이츠가 최고 경영자 자리를 친구인 스티브 발머에게 내주고, 자신은 회장 겸 최고 소프트웨어 설계자로 업무 영역을 줄임.
  게이츠 학술 재단과 윌리엄 H. 게이츠 재단이 하나가 되어 '빌 앤드 멀린다 게이츠 재단'이 만들어짐.

- **2001** 아프리카에 열대성 질병 예방 백신을 보내 줌.
  빌 게이츠가 '14개의 대도전' 리스트를 전 세계에 발표함.

- **2005** 빌 게이츠가 한 해 동안 60억 달러를 기부해 기네스북에 이름을 올림.
  빌 앤드 멀린다 게이츠 재단이 각종 구호 활동에 135억 6,000만 달러를 쏟아 부어, 전 세계 약 70만 명의 목숨을 구함.
  게이츠 부부가 미국의 시사 주간지 〈타임〉이 선정한 올해의 인물에 뽑힘.

- **2006** 미국의 경제 신문 〈월스트리트 저널〉이 멀린다 게이츠를 '세계를 움직인 경제계 여성 50인' 중 1위로 뽑음.

2007
2010년까지 약 2,000만 달러를 국제 쌀 연구소에 지원하기로 함.
빌 게이츠가 저개발 국가의 교육 수준을 높이기 위한 계획을 발표함.
사회에 끼친 공로를 인정해 하버드 대학교에서 명예 법학 박사 학위를 줌.

2008
빌 게이츠가 자선 활동을 위해 인도를 방문하던 중 공과 대학에 전문가용 개발 및 디자인 프로그램을 무료로 나눠 줌.
게이츠 재단이 미국 1,200개 대학에 6,900만 달러의 장학금을 전달함.
빌 게이츠가 33년간 이끌어 오던 마이크로소프트를 떠남.

2009
빌 게이츠가 말라리아 사망률이 세계에서 가장 높은 탄자니아를 방문하고 TED 강연에 나가 말라리아에 대한 세계적인 관심을 이끌어 냄.

2010
미국 워싱턴에서 빌 앤드 멀린다 재단을 포함한 주요 20개국(G20)이 '세계 농업 식량 안보 기금'을 만듦.
빌 게이츠가 다보스 포럼에서 이명박 대통령에게 아프리카의 굶주림과 가난 문제에 대해 상의함.

2011
빌 앤드 멀린다 게이츠 재단이 한국의 농촌진흥청에 도움을 요청함.
빌 게이츠가 프랑스에서 열린 G20 정상 회의에 초대되어, 경제 위기가 닥친 세계 금융 시장의 발전을 위해 선진국이 나아가야 할 방향에 관해 발표함.
빌 앤드 멀린다 게이츠 재단이 빈곤 지역에서 널리 사용할 수 있는 화장실 개발에 4,200만 달러(약 440억 원)를 지원하기로 함.

2012
빌 게이츠가 재단의 목표를 농업 혁명이라고 선언함.
빌 앤드 멀린다 게이츠 재단이 인터넷을 통해 에이즈 희생자 추모 퀼트를 전시함.
카를로스 재단과 빌 앤드 멀린다 게이츠 재단이 생물 공학 연구소에 2,500만 달러(약 270억 원)를 기부함.

2013
빌 앤드 멀린다 게이츠 재단이 7년간 5억 5,500만 파운드를 영양 개선 사업에 기부하기로 함.
빌 앤드 멀린다 게이츠 재단이 국제 로터리와 함께 소아마비 퇴치를 위한 기금 5억 달러를 마련함.
빌 게이츠가 전 재산을 다른 이의 생명을 살리는 데 쓸 것을 약속함.